AF235599

Momente eines Jahres

Immer wieder innehalten – wahrnehmen und betrachten, was ist; nicht durch die Linse einer Kamera, sondern mit Sprache: So entstanden im Verlauf des Jahres diese Momentaufnahmen.

Beate Hannen, geboren 1963 in Kirchen/Sieg, dort aufgewachsen. Abitur am Freiherr-vom-Stein-Gymnasium Betzdorf-Kirchen. Studium in Siegen, Referendariat in Fulda, Schuldienst am Nikolaus-von-Kues-Gymnasium Bernkastel-Kues. Verheiratet, zwei Kinder. Oberstudienrätin i.R.

Beate Hannen

Momente eines Jahres

Gedichte

März 2020 bis Februar 2021

Bibliografische Information der Deutschen Nationalbibliothek:
Die Deutsche Nationalbibliothek verzeichnet diese Publikation in der Deutschen Nationalbibliografie; detaillierte bibliografische Daten sind im Internet über http://dnb.dnb.de abrufbar.

Herstellung und Verlag: BoD – Books on Demand, Norderstedt

ISBN: 978-3-752-673814

Momente eines Jahres

Krise

Es ruht
das öffentliche Leben
sowie das private.
Alles macht Pause.

Angeordnete Ruhe
in der Hoffnung,
dass sich die Woge,
die das Land überflutet,
beruhigen lässt
und die Flut erst
wiederkommt, wenn
die Deiche
gebaut sind.

Glockenläuten

In der Stille,
aber auch trotz Lärm
höre ich manchmal
die Kirchturmglocken.

Der beruhigende Klang
erinnert mich an
das Glockenläuten
in der Stadt meiner Kindheit.

Damals wie heute klingt es
irgendwie einladend,
selbst wenn es nur
um die Uhrzeit geht...

Hör mal hin!

Kleine Blumen

Schritte knirschen
auf dem Schotterweg und
schmatzen durch den Matsch
Ohren lauschen auf die Schritte
Augen schauen auf die Wiese
entdecken kleine Blüten

Gänseblümchen weiß
andere gelb und blau
Kontrast zu meinen
verdreckten Schuhen
die mir egal sind jetzt

Was wächst und blüht denn da
zuhause blättere ich im
Bestimmungsbuch und finde
Scharbockskraut und Ehrenpreis
kleine Blumen große Namen

Aprilwetter

Es tröpfelt doch
die Tropfen sind weiß
die Wettervorhersage stimmt
es regnet Schnee

es schneeregnet
und dazwischen leuchtet
ein Sonnenstrahl

Aprilwetter wie es
im Buche steht
sehe ich als ich
vom Buch aufschaue

jetzt lesen
meine staunenden Augen
das Wetter

Im Regen unterwegs

Auf dem Autodach
trommeln die Tropfen
die Fahrbahn glänzt wie
eine riesige Wasserfläche

Autoreifen rauschen darüber
und hindurch und Wasser
spritzt kräftig hoch
nach allen Seiten

Im Auto sorgen
Scheibenwischer
hektischer werdend
für Durchblick

Auf dem Gehweg
senken sich
Spritzwasser abwehrend
bunte Regenschirme

Maskenpflicht

Manche entdecken
in diesen Tagen
das Nähen von Masken
als Hobby, als Beschäftigung,
als Möglichkeit,
etwas Sinnvolles zu tun.

Ein Stück Stoff
vor Mund und Nase,
um andere und sich selbst
zu schützen,
um Infektionsketten
zu unterbrechen.

Dezente Farben
und bunte Muster –
Vielfalt spiegelt Hoffnung
auf den Sinn der Maßnahmen,
auf Gesundheit für viele,
am liebsten für alle!

Fassaden

Man versteckt
sich und sein Ich
und zwängt sich
raffiniert
in Maske und Kostüm

Aber oft
wird der Kostümball
zum Reinfall

Vielleicht nimmt einer
die Maske vom Gesicht
und zeigt
es und sein Herz

(In meiner Jugend notiert und jetzt
wiederentdeckt. Wir haben Masken-
pflicht! Zur Zeit kann Maske tragen
sogar heißen, Gesicht zu zeigen...)

Zahlenwelt

Welt der Zahl
heißt das Mathematikbuch
in der Grundschule

Die Welt in Zahlen
ist das Thema der Tagesschau
Infizierte
Genesene
Verstorbene
wie entwickelt sich die
Pandemie in Zahlen

Menschen und Schicksale
zu welcher Zahl
werde ich gehören
in dieser Welt

Geisterspiele

Das rotweiße Absperrband
flattert am Kinderspielplatz
knatternde Laute statt
Kindergeschrei
leer liegt der Platz
wo sonst Kinder spielen
und Eltern sich treffen

Im Fernsehen leere Ränge
im Stadion aber
wird Fußball gespielt
ohne Publikum
Spiele finden statt
in der großen Arena
gespenstische Stille

Morgengedanke

Corona in den Nachrichten
die Eisheiligen im Kalender
Minusgrade in den Nächten

Temperaturen um Null
Vogelgezwitscher
in den Morgenstunden

trotz Krise und Kälte
oder gerade deswegen
klingt es fröhlich
in meinen Ohren
wie schön sie singen

froh bin ich zu hören
froh bin ich
nicht nur Nachrichten zu hören

Abendgedanke

In der Tagesschau am Abend
bedrückende Bilder aus aller Welt

In Statusbildern
ein leuchtender Nachthimmel
Kommentar: der Himmel brennt

ziehe die Rolläden nochmals hoch
öffne das Fenster weit und
schaue hinaus
gelb und rot glüht der Himmel
bevor er nachtblau schimmert

froh bin ich zu sehen
froh bin ich
nicht nur Nachrichten zu sehen

Rasensprenger

Wassertropfen
in hohem Bogen
hin und her
her und hin
ein sanfter Regen

Tropfenschleier
flimmern glitzernd
hin und her
manchmal leuchtend
regenbogenbunt

Himmel wolkenlos
keine Chance auf Regen
doch her und hin
bleibt der Rasen grün
lebendig grün

Plötzliche Hitze

Diese Hitze im Auto,
nach wenigen Minuten
in der Sonne -
einfach unglaublich!

Kaum auszuhalten,
trotz Klimaanlage!
Einkaufen fährst du
nur noch mit Kühlbox.

Das Bedürfnis nach frischer Luft
und geöffneten Fenstern
beschert Durchzug und die Gefahr
eines schmerzenden Nackens.

Du wählst das kleinere Übel
und schwitzt weiter im Auto,
die wenigen Minuten
auf der Heimfahrt.

Heckengesumme

Mittags höre ich
im Vorbeigehen
erstaunt ein Summen,
einen gleichmäßigen Ton:
die ganze Hecke
summt und brummt.

Insekten! Hurra, es gibt sie noch!

Sie bleiben verborgen,
nicht zu sehen, nur zu hören:
ein nicht verstummendes
stimmhaftes S.

Sommerliches Feld

Ähre an Ähre
Halm an Halm
ein dichtes Wogen
Farbsprenkel darin
blaue Kornblumen
roter Klatschmohn
einzelne Blüten
wiegen sich mit

sanfte Wellen fließen
über das ganze Feld
wie eine unablässige
streichelnde Bewegung
dazu ein Duft nach Getreide
und warmem Heu

Ahnung von Reife
Hoffnung auf Ernte

Straßenmusik

Zwitschern in den Bäumen
kräftig
vielfältig
laut

mit Unterbrechungen
jedesmal wenn
ein Auto
alles übertönt

nur weil ich zu Fuß
unterwegs bin
höre ich das Zwitschern
staune über die Vielfalt

lausche
ungeduldig wenn
ein Auto
alles übertönt

Sonntagsausflug

Eine Stunde mit dem Auto,
dann spazieren im Wald.
Befreit durchatmen,
Bäume betrachten.
Einkehren in einem Café,
Eiskaffee genießen
mit Blick auf einen See.

Zurückspazieren,
nach Hause fahren,
dem Urlaubsgefühl
nachspüren:
Waldluft, Kaffee, Zeit,
Bewegung...
Geschenkte Momente!

Sommernacht

Die Nacht ist lau
die Fenster sind geöffnet
Nachbarn sitzen im Garten

ruhiges Geplauder
fröhliches Lachen
milde Luft

durchs offene Fenster
kommt alles zu mir
nur kein Schlaf

Sommernacht
viel zu schade
zum Verschlafen

Begegnung

Wir saßen im Garten
bei Wasser und Wein
und übten zu warten
zu zweit und allein.

Wir hörten ein Schnorcheln,
es kam aus der Hecke,
da trippelte einer
geschwind um die Ecke:

Ein Igel lief ruhig
an uns vorbei,
wir schauten genauer,
es waren zwei!

Zwei Gartenbewohner,
wir staunten nicht schlecht
und lobten den Abend
nun erst recht.

Die Igel sind flink
in die Nacht gestartet,
so haben wir nicht
vergeblich gewartet.

Hoffnungszeichen

Im dichten Grau der Regenwolken
im nachlassenden Schauer
auf einmal Sonnenstrahlen

Ein Halbkreis aus zarten Farben
deutet sich an
wird kräftiger und klarer

Ein prächtiger Bogen leuchtet
rot orange gelb grün blau violett
verbindet Himmel und Erde

Zeichen des Bundes
zwischen Gott und Mensch
schon im Alten Testament

Lassen wir uns
immer wieder neu ermutigen
vom Regenbogen

Schmetterling

Ein kleiner Falter
schaukelt vor dem Fenster
aus dem Busch heraus
und wieder zurück
schon ist er verschwunden

Ob er sich wohlfühlt
in der Abendsonne
die Luft ist mild
wie viel Lebenszeit
wird er noch haben

So ein zartes Wesen
ein kleiner Falter
schaukelt durch meine Gedanken
dort bleibt er
auch wenn er vergeht

Wetterbericht

Immer wieder
die Vorhersage hören
kopfschüttelnd
die Temperaturen lesen

dass es so warm
dass es so schwül
werden wird
fürchten

es nehmen müssen
wie es kommt
trotz Bemühungen
gegen den Klimawandel
die eigene Ohnmacht
die Schwäche spüren

immer wieder

Morgen im August

Auf der Terrasse sitzend
höre ich
das Plätschern des Gartenteichs
das Summen einer Biene
das Gurren einer Taube
etwas entfernt Straßenverkehr

Wie gut habe ich es
hier sitzen zu dürfen
Hitze ist gemeldet
warm ist es schon
noch ist es angenehm

Hier sitze ich
mit einer Tasse Tee
und lausche
auf den Morgen

Spätsommertag

Am Morgen
neblig und kühl
riecht es schon fast
nach Herbst

Am Vormittag
klart es auf
die Sonne wärmt mit
noch sommerlicher Kraft

Noch ist das Staffelholz
nicht übergeben
Vieles scheint
in der Schwebe

Herbstliches

Tagsüber noch sonnig und warm
später hell und früher dunkel

kürzer werdende Tage zeigen
den beginnenden Herbst
Sommer ade

Endlich fällt der so wichtige Regen
andernorts aber viel zu viel

Überschwemmungen
in Italien und Frankreich
Bilder tun weh

Oktober

Scharen von Staren
versammeln sich
auf allen Stromleitungen

welch ein Gezwitscher
Aufbruchstimmung
unruhig und lebhaft

der ganze Strommast
scheint zu vibrieren
von der Reisegesellschaft

Plötzlich sind sie fort

Innehalten

Anfang November
frühlingshaft warme Luft
die Weinberge leuchten
gelb und rot

Farben und kräftiger Wind
passen nicht zu den Temperaturen
aber
plötzliche Abkühlung ist
vorhergesagt

über Nacht wird es sich ändern
darum atme noch einmal bewusst
durch die Nase und rieche
die milde Luft

Novembermorgen

Kühler Nebel überall
so grau so dicht
bis auf die Straße herunter
die feuchte Luft fast feindlich
beim Schritt vor die Haustür

wohltuend der Blick auf die
Kerze in der Laterne
gestern am Abend entzündet

die ganze Nacht
hat sie tapfer durchgehalten
die kleine Flamme
geradezu mutig und unerschrocken

Vom Kerzenlicht
könnten wir etwas lernen
manchmal

Winteranfang

Der Abend ist blau
Erinnerung an Schneefall
lautloses Wunder

Flocken tanzen
im Licht der Straßenlampen
im Licht der Scheinwerfer

Langsam wird alles weiß
Spuren verschwinden auf
schneebedeckten Straßen

Gar nicht dunkel
dieser Abend
in der Erinnerung

Weihnachten 2020

Weihnachten 2020
trotz räumlicher Entfernung
trotz Abstand
feiern wir das gleiche Fest

jede und jeder für sich
stiller als sonst
doch wissen wir uns
miteinander verbunden

und genau dies
lässt Weihnachten
werden

Silvester

Befreundete Familien feiern
statt in gewohnter Geselligkeit
jede für sich
bei Raclette und dinner for one

Verbunden mit Ton und Bild
Technik macht es möglich
wir winken und prosten einander zu
und halten fest an der Hoffnung

hoffen auf
analoge Begegnungen
im neuen Jahr

Neue Wörter

Risikopatient
FFP2-Maske
Impfstrategie

mit Wörtern der Pandemie
gehen wir ins neue Jahr
und weiter

nicht nur die Vokabeln
werden wir lernen müssen

Frühlingsluft

Frühlingshaft mild
schon im Februar

Freunde frischer Luft
freuen sich
Allergiker leiden
früher als gedacht

doch das Bedürfnis
nach tiefem Durchatmen
lockt scheinbar alle hinaus
ins Frühlingsgefühl

Von Beate Hannen bisher bei B.o.D. erschienen:

Zwischen gestern und morgen. Gedichte,
ISBN 9783749407262

Von Tag zu Tag. Gedichte,
ISBN 9783750459830

Wie bei uns. Erfundene und erlebte
Geschichten, ISBN 9783752684001